2495

© Editions Philippe AUZOU, Paris (France) 2007
Título original : Mon petit manuel, expériences écologie
© De la edición castellana:
Editorial Zendrera Zariquiey, Barcelona 2008
Avda.Marina.,25-Nave 1-Tel. 93 654 82 91
08830 Sant Boi de Llobregat (Barcelona)
www.editorialzendrera.com
Traducción: Joana Martí Casals
Preimpresión: ZTE
Producción y coordinación editorial: Valentina González
Primera edición: Octubre 2008
ISBN: 978-84-8418-371-6
Textos: Marie-Charlotte Miron, Mélanie Pérez (doctora del Museo Nacional de Historia Natural de París)
Ilustraciones: Sandrine Lamour
Diseño cubierta y guardas: Marie Auvinet

Printed and bound in September 2008
by Book Partners China Ltd.

Mi pequeño manual de experimentos ecológicos

¡Super ideas para divertirse haciendo experimentos!

Sumario

¡Hola!

Me llamo Lea y él es mi hermano Hugo.

¿Te gusta hacer experimentos? Reciclar papel, crear un refugio para los pájaros, o fabricar compost son experiencias apasionantes. Hemos seleccionado para ti métodos sencillos y variados para entender y proteger mejor el mundo que te rodea: la evaporación del agua, el herbolario, el pluviómetro... También te explicaremos el funcionamiento de un molino de agua y de una brújula.

Te iremos guiando a lo largo del libro, explicándote paso a paso las diferentes etapas.

Lea y Hugo

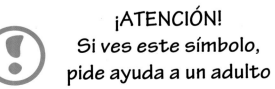

¡ATENCIÓN!
Si ves este símbolo, pide ayuda a un adulto

1 palangana

papel viejo

1 batidora

agua

1 tamiz

Reciclar papel

Rompe el papel en trocitos muy pequeños

1

Pon los trocitos de papel en remojo en la palangana durante unos dos días.

2

3 Mézclalo bien con la batidora.

4 Vierte la pasta que obtengas sobre el tamiz.

5 Deja secar la pasta. ¡Has fabricado papel reciclado!

¿Sabías que…?

El papel reciclado contamina menos.

Si utilizamos una tonelada de papel reciclado, evitamos la destrucción de 17 árboles. Reciclar papel requiere un 65% menos de agua, causa un 75% menos de polución del aire y un 35% menos de polución del agua que para la fabricación de papel nuevo.

Necesitas:

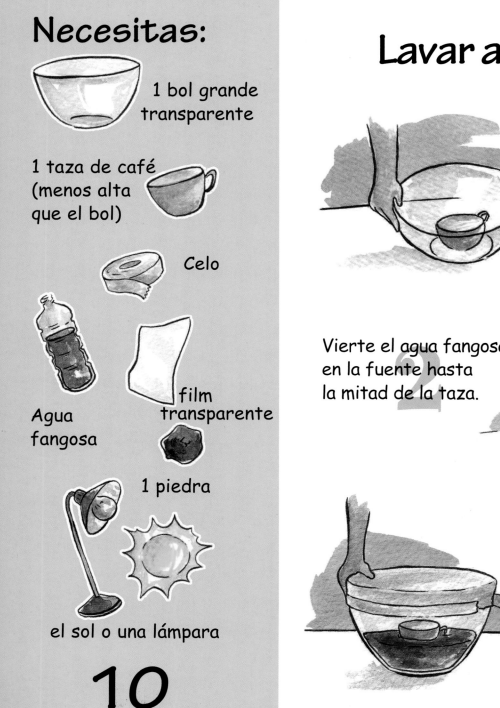

1 bol grande transparente

1 taza de café (menos alta que el bol)

Celo

Agua fangosa

film transparente

1 piedra

el sol o una lámpara

10

Lavar agua sucia

1 Coloca la taza en el centro del bol.

2 Vierte el agua fangosa en la fuente hasta la mitad de la taza.

3 Coloca el film transparente sobre la fuente. Sujétalo bien con celo.

Coloca la piedra sobre el film transparente, encima de la taza. **4**

Vigila que el film transparente no toque la taza. **5**

Colócalo todo al sol o debajo de una lámpara por lo menos durante dos horas. **6** El agua se evapora con el calor del sol o de la lámpara, dejando las impurezas al fondo de la fuente. Se condensa (se vuelve líquida) al contacto con el film transparente y cae dentro de la taza. Has recuperado agua limpia (¡pero no te la bebas!).

Necesitas:

1 caja de madera

guantes de jardineria

acelerador de compost

1 regadera

Deshechos de de cocina: mondaduras, frutas y verduras a trozos, bolsitas de té, restos de comida menos la carne y los huesos, pan seco...

deshechos del jardín: los cortes del césped, ramas, flores marchitas, hojas secas, paja...

deshechos domésticos: flores y plantas de interior, ceniza de madera fría, virutas y serrín de madera...

12

El compost

Antes de empezar, debes saber que el compost es un abono natural formado con deshechos vegetales.

Coloca en el fondo de la caja (si no puedes conseguir una, busca un sitio a la sombra y alejado de la casa para realizar un montón de deshechos), un lecho de ramas para facilitar la circulación del aire. **1**

Amontona los deshechos por capas de 15-20 centímetros. Empieza por los que se pudren fácilmente (cenizas, mondaduras de verduras...). **2**

Reduce los deshechos de madera en trocitos pequeños: se descompondrán más fácilmente. **3**

tierra
tierra
tierra

basura
basura
basura
basura

Entre cada capa que hagas, pon un poco de tierra del jardín o de viejo compost. Piensa en diversificar los deshechos alternando los elementos ricos en agua, como las mondaduras, con capas más secas, como la paja.

Añade también uno o dos puñados de acelerador de compost, pero siempre con los guantes de jardinero puestos para protegerte las manos. Riégalo todo generosamente para favorecer el desarrollo de microorganismos como las bacterias y los hongos.

En función de los deshechos que utilices, el compost se formará entre unos 4 o 6 meses si utilizas deshechos vegetales y entre 18 y 24 meses si amontonas deshechos de tamaño importante como las ramas. Notarás que los deshechos se van asentando. Se irán transformando en polvo o en mantillo que podrás utilizar como abono.

¿Sabías que...?

El compostaje te permite reciclar un 25% del peso de las basuras de tu casa (compuestas de deshechos orgánicos) en abono ecológico para tu jardín.

Gracias al abono, tus productos crecerán mejor. Pero no todos los abonos son buenos; algunos, como los nitratos, son contaminantes.

Así pues, el compostaje es una manera natural de reciclar. Permite reducir la cantidad de deshechos llevados al vertedero, producir un abono natural excelente y puede hacerse con muchos o pocos deshechos.

Piensa también en clasificar los otros deshechos: plástico, cartón, vidrio. También son reciclables.

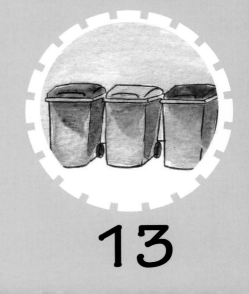

13

Necesitas:

1 pincel

papel de plata

pintura acrílica negra

tijeras

pegamento fuerte

1 espejo pequeño

1 pala

1 lata de conservas

1 placa de vidrio

sol

1 huevo

1 varilla de madera

El horno solar

1 Pinta de negro el exterior de la lata de conservas. Ten cuidado y no te cortes al sujetar la lata.

2 Corta el papel de plata y colócalo al fondo de la lata y en los laterales. El interior tiene que estar completamente cubierto.

3 Con la pala, cava en la tierra un agujero lo suficientemente grande como para meter la lata. Elige un sitio al que le toque el sol todo el día.

4 Coloca la lata en el agujero y llena de arena los huecos que queden a su alrededor. Vigila bien para que no caiga arena dentro de la lata.

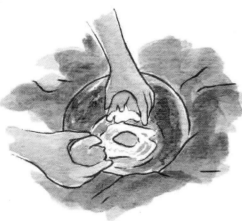

Casca un huevo dentro de la lata, como si hicieras un huevo frito.

Coloca la placa de vidrio encima de la lata para cerrarla.

Para cocer más deprisa el alimento, pega el espejito a la varilla de madera. Clava la varilla en la tierra, al lado del horno solar, y orienta el espejo para amplificar los rayos del sol sobre la superficie de vidrio. Tu alimento se cuece, ¡pero atención! No te lo comas. Ten cuidado en no quemarte al sacar la placa de vidrio.

¿Sabías que...?

La radiación solar es una fuente de energía renovable y económica que permite fabricar electricidad.

Hoy en día, con el objetivo de ahorrar energía, se utiliza la radiación solar para calentar las casas (agua, calefacción) con la ayuda de unos paneles solares (especies de espejos) colocados en los tejados de las casas.

15

Necesitas:

1 sierra

1 tiza

listón de madera
de 24 cm por lo menos

1 martillo

clavos

1 taladradora

La caja nido para pájaros

! ¡Haz este experimento
con la vigilancia
de tus padres!

Con la tiza marca con una cruz las tablas
de 33 y 22 centimetros por 11 centímetros.

Con la tiza marca con un cuadrado la tabla
de 16 centímetros por 33 centímetros.

Con la tiza marca con un triángulo la tabla
de 22 centímetros por 16 centímetros.

Con la tiza marca con una luna la tabla
de 24 centímetros por 11 centímetros.

Con la tiza marca con un rombo la tabla
de 22 centímetros por 20 centímetros.

Con la tiza marca con una estrella la tabla
de 11 centímetros por 26 centímetros.

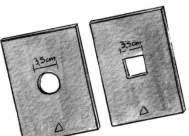

Con los clavos y el martillo, clava las tablas con la cruz (los costados del nido) sobre la tabla con el cuadrado (la parte trasera del nido), como en el dibujo.

2

Con la taladradora, haz un agujero redondo o cuadrado en la tabla con el triángulo (la parte frontal del nido). El agujero redondo debe medir 3,5 centímetros de diámetro. El agujero cuadrado debe medir 3,5 centímetros de lado.

3

Con el martillo y los clavos, clava ahora la tabla con el triángulo sobre las que has clavado antes.

4

Y también:

Tablas de madera natural:

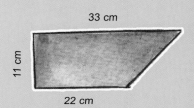

33 cm

11 cm

22 cm

2 tablas cortadas según las dimensiones siguientes: 33x11x22 centímetros

33 cm

16 cm

1 tabla de 16 centímetros por 33 centímetros

22 cm

16 cm

1 tabla de 22 centímetros por 16 centímetros

17

Y también:

1 tabla de 24 x 11 centímetros

1 tabla de 22 x 20 centímetros

1 tabla de 11 x 26 centímetros

5 Clava el fondo del nido, es decir la tabla con la estrella, como en el dibujo. Deben sobrepasar 5 centímetros por cada lado.

6 Sierra 2 trozos de varilla de 12 centímetros de longitud.

7 Clava esos trozos de varilla a la tabla con el rombo a 2,1 y a 5 centímetros del borde.

Colócalo sobre el nidal:
¡será el techo!

Haz 2 agujeros con la taladradora
a 2 centímetros del borde de
la tabla con la luna.

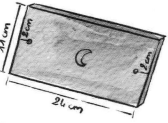

Clava la tabla a la parte
trasera del nido (la
tabla con el cuadrado).
¡Esta tabla te va
a permitir colgar tu
caja nido para pájaros!

¿Sabías que...?

No hay que pintar la caja
nido. La pintura podría
intoxicar a los pájaros.

Los pájaros protegen el
jardín de animales nocivos.
Los insectívoros (el paro, el
petirrojo...) se alimentan de
insectos y de babosas. Otros,
como la lechuza o el búho,
se comen a los pequeños
roedores.

En el grupo de amigos útiles
del jardinero, también
encontramos la mariquita,
la tijereta, el erizo y el sapo.

19

Necesitas:

2 vasos
identicos

1 goma

2 termómetros

1 bolsita
de plástico

agua

sol

20

1 Llena los dos vasos de agua hasta la mitad.

2 Coloca un termómetro dentro de cada vaso.

3 Tapa uno de los vasos con la bolsa de plástico.

Fija la bolsa de plástico sobre el vaso con una goma.

4

Coloca los dos vasos al sol durante unas 2 horas. El agua se evapora con el calor del sol. La bolsa de plástico retiene el agua que se ha evaporado y la temperatura es más elevada que en el vaso dejado al aire libre, ¡cómo el efecto invernadero!

5

¿Sabías que…?

El efecto invernadero es un fenómeno preocupante.

El sol envía rayos que calientan la Tierra. Una parte del calor es absorbida por el suelo y la otra parte es reenviada hacia la atmósfera. Los gases llamados gases de efecto invernadero, como el dióxido de carbono (CO_2), retienen una parte del calor reenviado hacia la atmósfera y permiten mantener una temperatura agradable en la Tierra. ¡Sin esos gases, estaríamos a -18°C!

¡Pero cuidado! ¡Si los gases de efecto invernadero aumentan demasiado, retendrán demasiado calor y la vida en la Tierra será muy difícil!

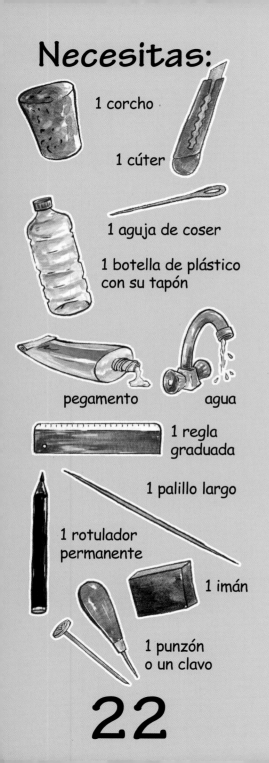

- 1 corcho
- 1 cúter
- 1 aguja de coser
- 1 botella de plástico con su tapón
- pegamento
- agua
- 1 regla graduada
- 1 palillo largo
- 1 rotulador permanente
- 1 imán
- 1 punzón o un clavo

La brújula

Antes de empezar, tienes que imantar la aguja de coser colocándola por el ojo sobre el imán durante unos minutos. ¡Cuidado! Sólo el ojo de la aguja debe estar sobre el imán.

1 Con el punzón, haz un agujero en el centro del tapón de la botella.

2 Corta el fondo de la botella de plástico con el cutter, a una altura de 7 u 8 centímetros. Después, pega el tapón al fondo, en el centro.

3 Corta una rodaja de corcho de más o menos 1 centímetro. Después, corta el palillo en dos y pincha uno de los trozos en el centro de la rodaja de corcho.

Clava la aguja imantada en la rodaja de corcho a lo ancho (el ojo de la aguja tiene que estar en el exterior).

Escribe una N mayúscula sobre la rodaja en el lado donde está el ojo de la aguja. Después, coloca los puntos cardinales.

Mete el palillo de madera del corcho dentro del agujero realizado en el centro del tapón que está en el fondo de la botella. El agujero debe ser lo bastante grande para que el palillo pueda girar.

Llena de agua el fondo de la botella de forma que haga flotar el corcho. Párate cuando empiece a separarse demasiado del tapón de plástico.

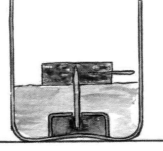

Hay que imantar regularmente la aguja para que el experimento funcione cada vez.

¿Sabías que…?

La Tierra es una especie de imán con dos polos (el Sur y el Norte) que gira sobre su propio eje.

Desde 1980, el Ártico, que está en el Polo Norte, pierde 10% de su capa de hielo permanente cada 10 años. La consecuencia: el hielo del Océano Ártico podría desaparecer teniendo unas repercusiones considerables sobre el sistema climático mundial. En cuanto al Antártico y a Groenlandia, el deshielo de su casquete glaciar, debido al recalentamiento de la Tierra, provoca una subida del nivel de las aguas.

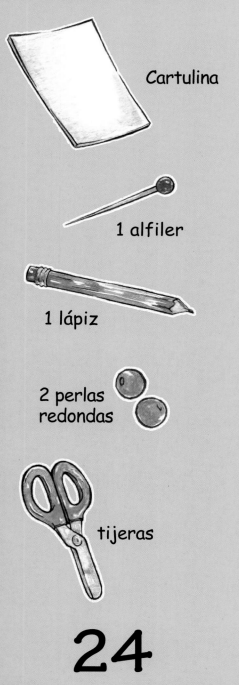

Necesitas:

Cartulina

1 alfiler

1 lápiz

2 perlas redondas

tijeras

24

La eólica

Dibuja, sobre la cartulina, un círculo de 10 centímetros de diámetro dentro del cual deberás dibujar otro de 4,6 centímetros de diámetro.

Traza líneas llenas y líneas punteadas cada 1,6 centímetros, como en el dibujo.

Recorta el círculo de 10 centímetros de diámetro.

Recorta las líneas llenas que has trazado, del exterior hasta el centro central, y después recorta a lo largo del círculo central hasta llegar a la línea punteada.

Dobla los trozos recortados por lo punteado, como en el dibujo. ¡Acabas de fabricar las palas de tu eólica!

Ensarta una perla en el alfiler. Clávalo en el centro de las palas de la eólica y después ensarta la segunda perla.

4 cm

29 cm

Recorta un rectángulo de 4 centímetros de ancho por 29 centímetros de alto en la cartulina.

Dobla el rectángulo por la mitad y clava el alfiler, equipado con sus dos perlas y las palas de la eólica, en el centro del pliegue. Utiliza la regla para localizar el centro fácilmente.

Y también:

1 pincho de broqueta

1 regla graduada

celo

1 compás

25

¿Sabías que...?

Una eólica es la evolución del molino de viento

Las eólicas utilizan la fuerza del viento para producir energía. Cuando sopla el viento, las palas giran y un pequeño generador fabrica electricidad.
Es lo mismo que pasa con tu bicicleta. Cuando pedaleas, la rueda empuja una dinamo que produce electricidad.

El viento es una fuente de energía renovable ya que es una energía natural inagotable.

Las eólicas también se utilizan como bombas de agua en ciertas regiones agrícolas.

26

9 Pega celo sobre el alfiler para que quede sujeto

10 Junta los dos medios rectángulos.

Mete el pincho de broqueta entre las dos mitades del rectángulo **11** y sujétalo todo bien con celo.

Dibuja un animal de unos 8 centímetros de altura sobre la cartulina y recórtalo.

12

Pega el animal que acabas de recortar a la punta de las dos mitades de rectángulo. ¡Has fabricado una eólica!

13

Coloca la eólica en un sitio expuesto al viento. Las palas de la eólica giran y se orientan en función de la dirección del viento.

14

¿Sabías que...?

Hay varias maneras a tu alcance para ahorrar energía.

No te olvides de apagar la luz, en cuanto salgas de una habitación.

En vez de tomarte un baño y consumir mucho agua, dúchate.

Cuando te cepillas los dientes, no dejes correr el agua del grifo. Si te gusta la jardinería utiliza, para regar tus plantas, el agua que hayas recuperado de la lluvia.

Para circular, es mejor coger los transportes públicos (el autobús, por ejemplo) o la bici que el coche.

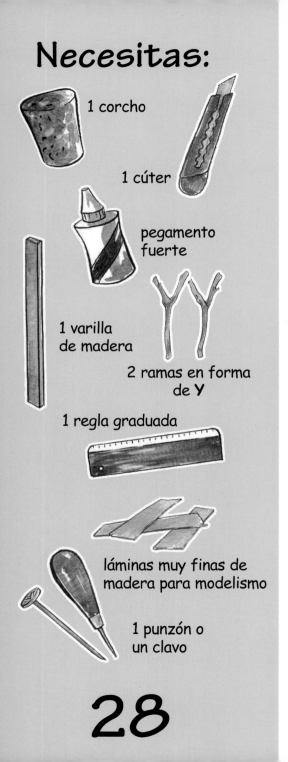

Necesitas:

1 corcho

1 cúter

pegamento fuerte

1 varilla de madera

2 ramas en forma de **Y**

1 regla graduada

láminas muy finas de madera para modelismo

1 punzón o un clavo

28

El molino de agua

Con el punzón agujerea el corcho por el centro.

1

6 ou 7 cm

(!) Con el cutter, corta 6 rectángulos idénticos de las láminas de madera. La anchura del rectángulo debe **2** ser idéntica a la longitud del corcho, la longitud tiene que ser de unos 6 o 7 centímetros.

(!) Raja el corcho de manera regular, en total 6 muescas.

3

Pega un rectángulo en cada una de las muescas que acabas de hacer. Déjalo secar.

Mete la varilla de madera por el agujero que has hecho atravesando el corcho. Deja salir la misma longitud de varilla por los dos lados del corcho.

Clava las dos ramas en forma de Y en la tierra, uno a cada lado del riachuelo. Coloca la rueda que acabas de hacer sobre las ramas en Y. Se aguantará gracias a la varilla de madera. La fuerza de la corriente pondrá la rueda en movimiento.

Un molino de agua es una instalación destinada a utilizar la energía mecánica producida por la corriente de un curso de agua que pasa por el molino.

El molino de agua fabrica energía en Europa desde la Edad Antigua. También lo llaman molino hidráulico.
Es más antiguo que el molino de viento. Esos dos molinos han sido sustituidos, en el siglo XIX, por la aparición de la máquina de vapor y después por el motor eléctrico.

Necesitas:

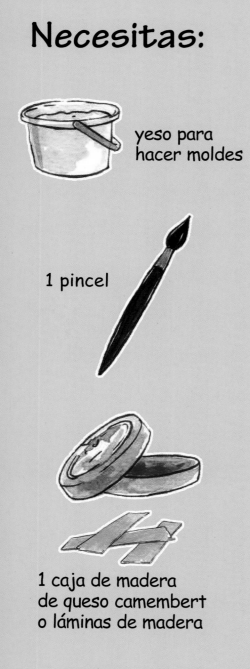

yeso para
hacer moldes

1 pincel

1 caja de madera
de queso camembert
o láminas de madera

Tomar las huellas de los animales

1 Ves al bosque cuando el tiempo sea bastante seco. Encuentra una huella de animal que te guste. Tiene que ser profunda y bien hecha.

2 Límpiala delicadamente con un pincel para que no haya suciedades cuando hagas el molde.

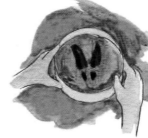

3 Quita el fondo de la caja de camembert y coloca el contorno de la caja alrededor de la huella. Si la huella es grande, coloca 4 trozos de madera en forma de cuadrado alrededor.

Vierte el yeso y déjalo secar. Puede tardar unas horitas en secarse. La duración del secado vendrá escrita en la bolsa de yeso que hayas utilizado.

4

Saca el contorno y escribe la fecha en el dorso del yeso con la punta del pincel que no tiene pelo.

5

Cuando esté seco, saca el yeso del suelo y límpialo. ¡Has tomado una huella!

6

¿Sabías que…?

Cada año, miles de especies animales y vegetales desaparecen porqué destruimos su hábitat: los árboles, los arbustos y madrigueras.

El ejemplo de los bosques tropicales en los que se cortan árboles milenarios lo muestra bien. Frente a eso, es imprescindible reaccionar protegiendo los medios naturales y sus habitantes. En ese sentido, piensa en plantar, cada año, un árbol joven en tu jardín o en los bosques cercanos para que animales y vegetales puedan refugiarse en él.

31

Necesitas:

1 clasificador

tijeras

cartulinas blancas

1 cesta
o una cajita
de cartón

papel de
periódico

1 cámara de
fotos (no es
obligatoria)

1 perforadora

pegamento

libros gordos

Crear un herbari

En septiembre-octubre, ves al bosque con tus padres o tu clase para realizar tu colecta. Elige árboles y arbustos bien formados y que sean abundantes en el bosque en que estás.

Corta, con las tijeras, algunas hojas de árbol o cógelas del suelo. Guárdalas en tu cesta o caja de cartón.

Al llegar a casa, coloca las hojas bien planas entre hojas de papel de periódico. Pon libros gordos encima. Dejalas secar 2 días y repite la operación cambiando las hojas de papel de periódico. Espera, por lo menos, dos semanas más.

Una vez que las hojas estén secas, pégalas delicadamente sobre las cartulinas. (Utiliza una cartulina diferente para cada árbol.)

Indica el nombre del árbol al que pertenecen las hojas. Puedes completar esa cosecha con fotografías de los árboles de los que has cogido hojas. Si ves los frutos de los árboles (bellotas, avellanas...), fotografíalos también.

Perfora las cartulinas para archivarlas en tu clasificador. Así, siempre podrás ir completando tu herbario. No dudes en añadirle flores también.

¿Sabías que...?

Las plantas son el primer eslabón de todas las cadenas alimentarias.

Así que las plantas son imprescindibles para la vida de los animales y de los humanos. Es por eso que es esencial preservar los bosques.
Los árboles también son útiles para la fabricación del papel.

Para ahorrar este recurso vital, utiliza las dos caras de tu papel cuando escribas o dibujes.

33

Necesitas:

1 botella de plástico con su tapón

materias orgánicas:
- mondaduras de patatas
- vegetales (hierba, flores...) del jardín
- ramillas

1 fuente de calor: el sol o la calefacción

El biogás

Coloca las materias orgánicas al fondo de la botella. Cuidado, llena la botella sólo hasta la mitad de masa vegetal húmeda y viva.

1

Cierra cuidadosamente la botella con el tapón de rosca para que no entre aire.

2

Coloca la botella cerca de una fuente de calor (al sol o cerca de un radiador, en tu habitación).

3

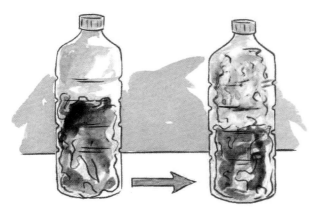

Observa lo que pasa en 5 o 7 días: verás que hay un ligero asentamiento de la materia orgánica y que se forma un poco de vaho en la pared de la botella.

Al cabo de un semana, desenrosca el tapón de la botella. Escucharás un ligero silbido y notarás un olor nauseabundo. ¡La experiencia ha sido un éxito! Las materias orgánicas se han transformado. Un gas nauseabundo a presión, el biogás, se ha formado.

35

Necesitas:

objetos de la naturaleza:
- 1 palo grande y otros palos más pequeños (mejor si es madera muerta, sin corteza)
- frutos: bellotas, cúpulas de castañas, piñas de pino
- flores con su tallo (margarita, lavanda)
- hojas (de yedra, de árboles) con su tallo
- ramas de acebo con sus frutos

tijeras

cordel

1 regla

libros gordos

papel de peródico

1 gancho de rosca

cordel de rafia (de color natural)

36

Mi móvil sobre la naturaleza

Recolecta objetos de la naturaleza en tu jardín, en un parque o en un bosque.. **1**

Una vez en casa, coloca las hojas entre las páginas de un periódico. Pon unos libros gordos encima. Déjalo secar 2 días y repite la operación **2** cambiando las hojas de periódico. Espera todavía un par de semanas.

Prepara tu móvil. Para hacerlo, coloca sobre la mesa los objetos de la naturaleza tal y como te gustaría que **3** estén en el móvil.
El dibujo contiguo es sólo una propuesta.

Cuando la disposición de cada elemento te parezca adecuada, puedes atarlos. Corta un trozo de cordel de unos 50 centímetros y átalo a cada punta del palo grande.

4

Después, para atar los demás palitos entre ellos, corta trocitos de cordel de rafia y fíjalos con un doble nudo. La rafia es una combinación de materias parecida a la paja, resistente, que puedes encontrar en cualquier tienda de jardinería. Vigila bien para que haya la misma distancia entre cada elemento y que los palitos de madera no se toquen. .

5

Cuando tu móvil esté listo, átalo al techo de tu cuarto con un gancho de rosca.

6

Algunos deshechos tardan más que otros en desaparecer.

Tirar una mondadura de manzana en la naturaleza no tiene ninguna repercusión sobre el medio ambiente. En cambio, tirar una pila o una botella de plástico tiene consecuencias más graves ya que pueden tardar muchos años en descomponerse.

Cuando paseas y que recoges objetos de la naturaleza, piensa en recuperar los deshechos que cierta gente deja tras suyo para tirarlos a la basura.
De esa manera estarás haciendo un gesto para proteger el medio ambiente.

37

Necesitas:

grava

1 cúter

1 botella de agua
de plástico
de 2 litros con
los lados lisos.

celo

1 regla graduada

agua

38

El pluviómetro

Corta la botella con
el cutter a
10 centímetros de
la parte superior
del cuello. Conserva
la parte superior de
un lado.

1

Coloca la grava al fondo
hasta que el nivel alcance
la parte de la botella en
que los lados son rectos.
El peso de la grava
le dará estabilidad
a la botella.

2

Coloca la regla en el
costado de la botella
y pégala con celo.
El cero de la regla
tiene que estar a
1 o 2 centímetros por
encima de la grava.

3

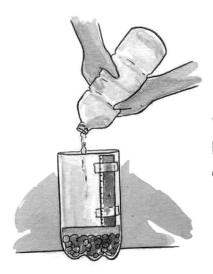

Vierte agua dentro de la botella hasta llegar a nivel del cero de la regla. **4**

Vierte agua dentro de la botella hasta llegar a nivel del cero de la regla. **5**

Coloca tu pluviómetro en el suelo, en un lugar despejado. Así, cuando llueva, podrás saber, el nivel de precipitación **6**

¿Sabías que...?

El pluviómetro sirve para medir las cantidades de agua que han caído durante un episodio de lluvia.

También puede ser útil en el huerto y para los agricultores.

En 1636, el italiano Brenetton Castelli desarrolló el pluviómetro pero en realidad ya había sido inventado en el siglo IV antes de Jesucristo.

Un truquillo:
Para ahorrar agua, piensa en recuperar las aguas de lluvia para regar las plantas del huerto y del jardín. Puedes, por ejemplo, colocar un cubo grande debajo de un canalón.

Necesitas:

1 limón

tijeras

1 bombilla de
1,5 Voltios

cable
electrico

1 clavo

cinta
aislante

La pila natural

Corta 2 trozos de cable
eléctrico de misma
longitud.

1

Pela las puntas de los cables
que has cortado.

2

Clava el clavo
en el limón.

3

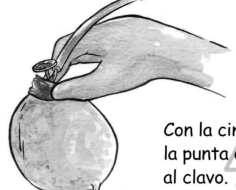

Con la cinta adhesiva, fija la punta de uno de los cables al clavo. 4

Clava una punta del otro cable en el limón. 5

Fija, con cinta aislante, la punta del cable atado 6 al clavo en la parte de debajo de la zona metálica de la bombilla como en el dibujo, y la punta del otro cable en la parte de arriba de la zona metálica. ¡La bombilla se enciende!

¿Sabías que...?

En 1800, Alessandro Volta inventó la primera pila, la «pila Volta».

Hoy en día, las pilas contienen metales tóxicos que son peligrosos para el medio ambiente.

Una vez usadas, hay que tirarlas en unos contenedores especiales.

41

Necesitas:

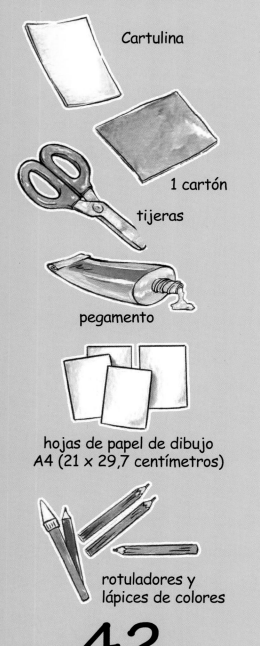

Cartulina

1 cartón

tijeras

pegamento

hojas de papel de dibujo
A4 (21 x 29,7 centímetros)

rotuladores y
lápices de colores

42

El juego de la oca sobre ecología

Fabricación del tablero de juego

1 Prepara el tablero cortando el cartón con las tijeras para que tenga una dimensión de 42 x 59,4 centímetros.

2 Dobla el cartón en dos y pon celo en los bordes para que quede bien recto.

3 Coge dos hojas de papel A4 (21 x 29,7 centímetros) y júntalas con celo por el lado largo. Pega estas dos hojas unidas sobre el cartón.

En otras hojas
de papel de dibujo,
corta 35 casillas
de 5 x 5 centímetros.

4

Pega las casillas
(como en el modelo)
al tablero de juego,
para hacer un
camino que termine
en el centro.

5

Hay que dividir en 2
algunas casillas para hacer girar el recorrido.
Antes de pegarlas, dibuja en lápiz un rectángulo
a la distancia de los bordes del tablero que se
indica en el modelo.

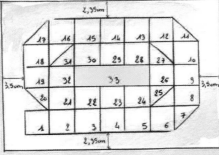

Reproduce una oca en las
casillas 3, 9, 13, 16, 22, 24
y 30. Para ello calca el
modelo y reprodúcelo en
cada una de las casillas
que lleve uno de esos
números.

6

43

Reglas del juego:

- Para 2, 3 o 4 jugadores.
- Cada jugador elige un peón.
- Cada jugador lanza el dado. El primero que saque un 6 empieza, el jugador a su izquierda sigue y así sucesivamente.
- A cada cual su turno, los jugadores van avanzando su peón del número de casillas que indique el dado.

- Si el peón cae en una casilla con una oca, el jugador deberá coger una tarjeta pregunta y dar una respuesta:
• casilla 3: el jugador dobla la cifra que indique el dado si contesta correctamente a la pregunta.
• casilla 9: el jugador avanza de una casilla si contesta bien.
• casilla 13: el jugador mueve hacia atrás de 3 casillas si no contesta correctamente.
• casilla 16: el jugador avanza de 4 casillas si contesta bien.
• casilla 22: el jugador avanza de 4 casillas si contesta bien.
• casilla 24: el jugador vuelve a la casilla de inicio si contesta mal.

Con rotuladores o lápices de colores, haz tus propios dibujos en las demás casillas o calca las ilustraciones de este manual sobre ecología. En la casilla 33 (compuesta de 3 cuadrados), dibuja un lago para las ocas.

Numera las casillas escribiendo el número correspondiente debajo de cada dibujo.

Fabricación de los peones

Calca el peón de este modelo y trasládalo a una hoja de papel en blanco. Lo tienes que repetir 4 veces para hacer 4 peones.

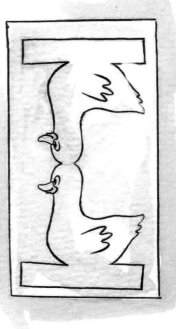

10

Colorea los peones de 4 colores distintos.

11

Recorta los peones, pégalos por el lado en el que no hay dibujo. Dobla las solapas para que los peones se aguanten de pie.

12

Fabricación de las tarjetas pregunta

Recorta tarjetas de cartulina de tamaño 4 x 6 centímetros.

13

Con la ayuda de tus padres y de tus amigos, escribe preguntas a partir de los temas tratados en ese manual. Escribe la respuesta en pequeño, del revés y en la parte de debajo de la tarjeta. Para que no sepas todas las respuestas, cada jugador tiene que escribir preguntas. Ell juego está listo, ahora ¡diviértete con tus amigos!

¿Se puede pintar un nidal?

Reglas del juego:

(continuación)

• casilla 30: el jugador avanza una casilla si contesta bien.
- El ganador es el primero que llegue a la casilla 33

Algunos ejemplos de preguntas:

- ¿Se puede pintar un nidal?
- ¿Qué dirección indica la brújula?
- ¿Para qué sirve un motor de viento?
- ¿Qué son las energías renovables?
- ¿Qué ponemos en los tejados para utilizar la energía solar?
- ¿Cómo se llama la capa que protege la tierra?
- ¿El molino de viento es más antiguo que el molino de agua?
- ¿Qué desaparece cuando cortamos los árboles de los bosques?
- ¿Con qué se fabrica el biogás?

ABC
de los experimentos

Abono: Producto que se le echa a la tierra para que sea más fértil.

Bacteria: Organismo vivo de tamaño muy pequeño, compuesto de una única célula.

Canalización: Tubo por el que pasa un líquido o un gas.

Casquete glaciar: Masa de nieve y de hielo que cubre el Polo Norte y el Polo Sur del planeta.

Cloro: Gas amarillento de olor fuerte y desagradable que se usa en productos desinfectantes.

Diagonal: Línea recta que une dos vértices de una figura geométrica.

Diámetro: Línea recta limitada por dos puntos que divide el círculo en dos partes iguales pasando por su centro.

Ecología: Ciencia que estudia las relaciones entre los seres vivos y el entorno en el que viven.

Embudo: Instrumento en forma de cono y acabado en un tubo, que sirve para transvasar líquidos en recipientes con aperturas pequeñas.

Eslabón: Cada uno de los anillos de una cadena.

Extremo: Punta, límite de alguna cosa.